मुझे मुक्ति दो

(कविता-संग्रह)

मुझे मुक्ति दो

तसलीमा नसरीन

वाणी प्रकाशन

वाणी प्रकाशन
4695, 21-ए, दरियागंज, नयी दिल्ली 110 002

शाखा
अशोक राजपथ, पटना 800 004

फ़ोन: +91 11 23273167 फ़ैक्स: +91 11 23275710

www.vaniprakashan.in
vaniprakashan@gmail.com

MUJHE MUKTI DO
by Taslima Nasrin

ISBN : 978-81-8143-290-2

Poetry

संस्करण 1998, 2005
आवृत्ति 2012
मूल्य : ₹ 150

ओम ऑफ़सेट, दिल्ली-110093 में मुद्रित

वाणी प्रकाशन का लोगो मक़बूल फ़िदा हुसेन की कूची से

मैं सुखी नहीं हूँ,
तुम सुखी रहना प्रिय देश

अनुक्रम

फिर भी लौटूँगी

प्रतीक्षा करना मेरी मधुपुर, नेत्र कोना
प्रतीक्षा करना जयदेवपुर के चौराहे
मैं वापस लौटूँगी।
लौटूँगी भीड़ में, शोरगुल में, सूखे में, बाढ़ में,
प्रतीक्षा करना मेरे चार छाजन वाले घर, आँगन, नींबू तला,
गोल्लाछूट के मैदान
मैं लौटूँगी।
पूर्णिमा के गीत गाने, झूला झूलने,
बाँसवन के ताल में मछली पकड़ने–
प्रतीक्षा करना मेरी अफजल हुसैन, खैरून्निसा
प्रतीक्षा करना इदुलआरा,
मैं लौटूँगी।
लौटूँगी प्रेम के लिए, हँसने के लिए, जीवन की डोर में फिर से
सपने गूँथने के लिए–
प्रतीक्षा करना मेरी मोतीझील, शांतिनगर,
प्रतीक्षा करना फरवरी के पुस्तक मेले,
मैं लौटूँगी।
उड़ रहे हैं बादल पश्चिम से पूर्व दिशा में

उन्हें सौंपती हूँ अपने आँसुओं की कुछ बूँदें,
कि वे जाकर बरस जाएँ गोल पोखर के घर की टीन की छाजन पर
एक बार।
जा रहे हैं जाड़े के पंछी पश्चिम से पूर्व दिशा की ओर
वे गिरा आएँ अपने एक-एक पंख,
सिवार भरे ताल में, शीतलक्षा में, वंगोपसागर में।
ब्रह्मपुत्र सुनो, मैं लौटूँगी।
सुनो शालवन विहार, महास्थान गढ़, सीताकुंड पहाड़–
मैं वापस लौटूँगी।
अगर न लौट पाऊँ, मनुष्य के रूप में, लौटूँगी किसी दिन
पंछी ही बनकर।

सोल निलसन

माह में दो बार
आती है मुझे देखने डलवी से एक लड़की
सोल निलसन नाम की
पार करके छः घंटे की दूरी।
लाती है साथ में पापड़, काजू, इमली, आम का अचार,
रसगुल्ले की रेसिपी।
सोचती है शायद मिले मुझे इससे
अपने देश की कुछ गंध और स्वाद।
रखती है करीने से
वह मेरे कपड़े, किताबें, बर्तन।
करती है साफ वैकुअम क्लीनर से फर्श पर पड़ी सिगरेटों की राख,
शाम ढलने से पहले ही खिड़की पर रखती है मोमबत्ती।
फिर वह भागती हुई जाती है कैसाम में
खरीदती है फूल
खरीदती है टोकरी भरकर मांस-मछली, पैप्रिका, संतरे आदि
खाना पकाती है, परोसकर मुझे बुलाती है
मेरी व्यस्तता के बीच मुझे बार-बार पिलाती है चाय
काफी हद तक मेरी माँ जैसी है वह लड़की।

विमान की आवाज सुनकर आसमान की ओर देखती हुई
सोचती है मेरी माँ
कि मैं वापस लौट रही हूँ अपने देश।
रखती हैं सँभालकर मेरी दुखियारी माँ मेरा कमरा,
मेरा बिस्तर, मेरा तकिया।
आँसुओं से उनकी आँखों के नीचे हो गए हैं घाव--
एक दिन जब मैं वाकई अपने देश वापस लौटूँगी,
डलवी के बर्फ ढके पथ पर चलती हुई रोएगी सोल निलसन,
मेरी स्मृतियों को वह सँवारेगी दोनों वक्त,
कभी वह भी आसमान में विमान के शब्द सुनकर सोचेगी
शायद उसमें हूँ मैं।
आखिर जरूरत ही क्यों हो किसी को देश की
दिल में भी हो सकता है एक-एक
निरापद स्वदेश।
मेरी माँ के आँचल में बसी होती है जिस तरह
अपने देश की गंध,
सोल निलसन के कपड़ों से भी आती है
वही गंध।

मैथुन

मन ही मन खुद बनती हूँ खुद की प्रेमी
उतारती हूँ कपड़े, चूमती हूँ नाभि, अपने स्तन।
जब जाग उठती है देह आधी रात को, तड़के,
खुद ही करती हूँ मैथुन।
सुदूर मरुभूमि में तैरकर एक बूँद जल में
शांत करती हूँ नदी की पिपासा।

सुदर्शन फ्रांसीसी युवक, सुनो

फिर कब मिलेंगे एफिल टॉवर के जूल बर्न रेस्तराँ में ?
फिर कब टहलेंगे रात के वक्त सॉस-एलिस में,
फिर कब चूमोगे मुझे फ्रांसीसी कायदे से
बेनार्ड ?
अब फिर कब बोस्निया, अलजीरिया, पूँजीवाद, कट्टरतावाद, धर्मजात,
पूर्व-पश्चिम पर बहस करते हुए ठंडी होगी हमारी चाय ?
क्या फिर कभी बैठेंगे आमने-सामने कैफे द फ्लूर में,
म्युचुअलिटी में, फ्लुक में, नये ऑपेरा में...
अब फिर किसी अलस शाम को टहलते हुए देखने जाएँगे
विक्टर ह्यूगो का घर, पता नहीं।
काफी देख लिया मैंने
रोंदा और पिकासो, नेपोलियन, जोन ऑफ आर्क को,
भर गया है मन
देखकर म्यूजियम, मूर्तियाँ, स्मारक–
रह गया है बाकी अब तुम्हें ही देखना,
सिर्फ तुम्हें ही बर्नार्ड !
शांत हो चुकी हैं सारी तृष्णाएँ,
बस रह गई है इस देह में
तुम्हारी ही चाहत।

कन्यावस्था

(1)
जब तीर की तरह चुभती थी ठंड मेरी देह में, तब मेरी हथेली पर
होता था गर्मागर्म भापापीठा, जिसमें होता खजूर का गुड़,
बात करते वक्त निकलता था मुँह से धुआँ
जैसे हो कोई चूल्हा,
जैसे कि लगी है जंगल में सूखे भरे पत्रों में आग, या पक रहे हों चावल
या फिर दाल में पंचफोड़न की बघार,
जैसे जल रहा हो घर-द्वार,
जैसे कि लगी हो आग पेट में,
जल रही हो जीभ।

उस वक्त हथेली पर भापापीठा का दाग,
दूसरी हथेली पर गुल्ली डंडा की गुल्ली
हाथों में लिए डंडा खड़े हो जाते थे लाबू, बाबू, साबू, हाबू...छः भाई,
दूसरी तरफ अकेली मैं, हाथों में गुल्ली, गुल्ली के पीछे भागती थी
मुँह उठाए,
गुल्ली उड़कर, पहुँचती कड़ई के पेड़ पर, छप्पर पर, कहीं किसी छोर पर,
कच्चे संडास पर,

धूप में सुखाने के लिए रखी कालीमिर्च पर,
बेर के अचार पर,
सन जाते थे हाथ-पैर कीचड़, तेल, मल और चींटों से
छक्का मारकर लाबू समेत छः भाई मुझ पर सवारी गाँठकर
लौटते थे घर,
छिल जाते थे घुटने, छिलती थीं हथेलियाँ,
मिट जाते थे भापापीठा के निशान।

(2)

गूँगी सखी ! मामा कहाँ ?
मछली के पास।
मछली कहाँ ? ले गई चील।
कहाँ गई चील ? उड़ गई ! धप्पत !
इसी तरह खेलते हुए धप्पत, लोगों के पाँवों से
चटाई पर, जमीन पर जाती थी लुढ़क।
इसी तरह का खेलती थी एक और खेल—
ए लड़की, कहाँ है तेरा घर ? हरसिंगार तला।
हरसिंगार तला में फूल नहीं ? बंदर हैं।
हरसिंगार तला में नहीं है ओस ? चूहे हैं।
वहाँ नहीं है घास ? कीचड़ है।
पैर फिसलकर आलू का दम। धप्पत।
ऐ लड़की तेरे सीने में क्या है ?

(3)

सीने में है बेर, सीने में है सुपारी, सीने में है संतरा,
सीने में है कुम्हड़ा, और अंत में सीने की रस्सी में चमगादड़
बच्चों ने पूरी सुबह तोड़ लिए बेर, बूढ़ों ने भर ली सुपारी खोंइचे में,
तगड़े जवानों ने दाँत गड़ाए संतरे में बीच दोपहरी में,
लोभियों ने खाया कुम्हड़े का मुरब्बा
रात में चमगादड़ लटका देख भागे सब बच्चे-बूढ़े।

समझौता

एक शाम को चलना है मेघना, ठीक है ना !
पहले के सारे अनुभव हैं तिक्त,
जरा भैया सँभल के चलना, अगर नाव पर चढ़ूँ
साँझ बेला में भूख लगे तो खाऊँगी काँचली मछली भाजी,
चंद्रमुखी आकाश को जल-दर्पण में डालकर
बेतरतीब सपनों को दूँगी मैं पलट।

सुख में यह शरीर बहता है, जल ज्वार में सुख
मुझे पता है, तुम भी लहरों को छूने को इच्छुक।
बड़े शहर को छोड़कर मुझे दूर जाने का है शौक,
अगर साथ चलने की इच्छा हो चंचल बालक
चलना जरा सँभलकर, कहीं फिसल गए तो,
जानते हो तैरना ? मुझे नहीं लगता। नौका भी है खस्ताहाल।

एक शाम को स्पर्श करूँगी जीवन का, ठीक है ना !
जाने कब से अंदर है सूना-सूना !

काँचली : बंगाल में पाई जाने वाली एक छोटी मछली।

समझ चुकी हूँ मैं

देखो फिजूल की बातें मत करो
बिना कहे-सुने मुँह उठाकर इस तरह चले मत आओ।
कहाँ पर क्या ? अरे कमरे में, बिस्तर में—
अच्छा, प्रेम क्या कोई इस तरह करता है ? या किया जा सकता है ?

लेटी रहती हूँ मैं, पैर फैलाए,
बाँहें फैलाकर पेट के बल, ऐसे में अगर तुम घुस आओ
क्या पता अंदर आकर जाने क्या सूँघते हो छिप-छिपकर...
आखिर तुम्हें जरूरत क्या है सूँघने की
क्या पता, गाड़ रखी हो कहीं पर जादू की छड़ी,
दीवार में या खिड़की में...

मैं क्या कभी वश में आ सकती हूँ ? नादान !
हालाँकि यहाँ-वहाँ खा चुकी हूँ कभी काफी धोखा।
अब और नहीं।
इतनी आफतें आईं, अब समझ गई हूँ मैं,
अपने अलावा कोई नहीं है मुझे बचानेवाला।

चाहत

प्यार करती हूँ मैं तुमसे बेहद।
पाकर ऐसी उन्मुक्त लड़की का प्यार क्या घबड़ा रहे हो तुम ?
अब छोड़ो भी यह सब अन्यथा मैं काट लूँगी सीने में।
दुनिया भर में तलाशते रहे लड़की
हालाँकि मेरे सामने आते ही
तलाशने लगते हो किसी और को।

मिली ? एक-दो ही सही ? अगर मैं पकड़कर तुम्हें
अपने बिस्तर पर लिटाकर...
डर गये ? कहीं बिस्तर पर लिटाकर जबरन कपड़े न उतार लूँ
कल्पना करो, टपक रहा हो पानी कमरे की टूटी खिड़की और टीन की
छत से
और मैं कहूँ तुमसे,
'चलोगे, जल केलि के लिए ?'

तुम इंकार कर सको अगर, बदल दूँगी अपना नाम,
मैं छूऊँगी तुम्हें और तुम गिनते रहोगे आसमान के तारे,
ऐसे संन्यासी तुम नहीं हो।

लोगों के सामने जताओगे ऐसा कि तुम नाच नहीं सकते,
गा नहीं सकते, माँग नहीं सकते लड़की का हाथ।
और लुक-छिपकर बेपरवाह और शरारती लड़कियों से रचाओगे रास।

मैं इस तरह लुक-छिपकर नहीं, खुलेआम कहना चाहती हूँ—मुझे चाहिए।
चाहिए यानी कि जल-थल-आकाश में आस्तिकों के ईश्वर के होने की तरह
चाहती हूँ कि तुम भी सर्वत्र रहो।
चढ़ाई चढ़ते हुए मिलेगा एक विशाल अरण्य,
दक्षिण में खड़े होकर मधुछत्ते पर फेंकना ढेले,
जब मधुमक्खियाँ दौड़ेंगी मारने डंक, जानते हो क्या करूँगी मैं ?
मैं कर दूँगी पीठ उनकी ओर
तुम रहोगे सुरक्षित मेरी देह की ओट में,
परेशान मत हो, कौन नहीं काटता औरतों को,
मधुमक्खियाँ ही काटें,
इसी बहाने मिलेगी मुझे तुम्हारी देह गंध,
ऐसी सुनसान रात में जब सम्मुख होंगे हम-तुम
तब क्या संभव है मुँह फेर कर चले जाना ?

लोग एवं कुत्ते-बिल्ली

शाम की सैर पर निकलते हैं कुत्तों के साथ
गोरी चमड़ी वाले स्त्री-पुरुष
घर में पालते हैं दो-चार बिल्लयाँ।

टहलते हुए नजर आते हैं उन्हें अकसर, फुटपाथ पर
सोमालिया, यूथोपिया, रूवांडा के काले लोग, बीमार
उन्हें देखकर आती है उबकाई गोरों को, उनके कुत्तों को।
कुत्तों को खिलाते हैं गोश्त-रोटी लौटकर घर,
बिल्लियों को दूध।
टी वी देखती हैं कुत्ते-बिल्लियाँ सोफे पर बैठकर,
होती हैं खुश।

वे काले लोग मरते रहते हैं एक-एक कर,
उनमें से कोई हुबहू चौपायों की तरह चलते हुए
अमीरों की बिल्ली बनना चाहता है,
तो कोई कुत्ता।

फ्रांस

घेर रखा था मुझे बारह सौ पुलिस ने फ्रांस में
राज्यपालों ने बिछा दिया था लाल गलीचा,
उमड़ पड़े थे देखने के लिए करोड़ों दर्शक,
राजा-मंत्री भी खड़े थे महोत्सव की भीड़ में।

फूलों-उपहारों से भरा हुआ था पूरा कमरा
कौन देगा सबसे पहले मुझे पदक सोने का
लड़ रहे थे इसी बात पर सभ्य लोग आपस में,
उनके बीच मैं परेशान थी अभिनंदनों के भार से।

राजा-मंत्री के पीछे अकेली खड़ी
कातर आँखों से एक फ्रांसीसी तरुणी
कह रही थी मुझसे,
'समझो मत खुद को अकेली, मैं हूँ तुम्हारे साथ।'
मेरा मन कर रहा था, उसे ही पलटकर देखती रहूँ
बार-बार।

एक रात बर्फ में

कल रात को बर्फ में खेलते रहे
चाँदनी में भीगती हुई मैं और माईब्रिट
कल रात को जल में बही थी अकेली नाव
जितना दूर ले जा सकती है ले जाए बाल्टिक।

रूप सिर्फ हरे का ही है, ऐसा नहीं
बर्फ से भी निर्गत होता है प्रकाश,
नग्न वृक्ष विनिमय करते हैं प्रणय,
हम लोगों ने भी खुद को किया है प्यार।

काफी खोद चुके हम कब्र अपनी,
पैरों को जरूरत है खड़े होने के लिए सही धरती
जल चुकी हूँ आग में मैं अब काफी
बर्फ में क्या अब भीगना है जरूरी !

मुझे मुक्ति दो

सर्वोच्च निरापद व्यवस्था अब मुझे मुक्ति दो
ब्रह्मपुत्र नदी के उस पार है शंभुगंज
उसके दक्षिण में सवा मील की दूरी पर है एक जामुनलता
पीछे एक छोटा-सा घर, वहीं जाना है मुझे।
वहीं रहती है पार्वती।
पता है कौन है पार्वती ?
जिसके घर में जलता नहीं दो वक्त चूल्हा
फूटी छप्पर से होकर भरता है वर्षा का पानी
जिसके घर में।
मुझे मुक्ति दो न्यूकैसल, नटिंहम, बेलफास्ट,
मुक्ति दो ब्रुसेल्स, वॉन, ड्रेसडेन, म्यूनिख,
अब मैं नहीं चाहती भाषण देना तम्हारे ऊँचे मंचों पर
नहीं चाहती लोगों की तालियाँ,
फूलों के गुलदस्ते का...अब जरा भी नहीं है शौक।

मुझे क्षमा करो चार्ल्स ब्रिज, क्षमा करो कुक्सहेवेन के पब,
क्षमा करो यूरोपियन पार्लियामेंट—
सपनों के पौधों को अब सींचती नहीं पार्वती,
जाऊँगी मैं पार्वती के घर में।
मेरे पास तो है मेरी आँखों का पानी।

अप्रैल में भी बर्फानी आँधी

अप्रैल में ऐसा भी होता है स्वीडन में,
सुबह खिली होती है धूप,
शाम को बर्फानी आँधी।
वसंत आते ही माँगता है विदा।
मृत वृक्ष से झाँकने लगते हैं अंकुर,
चिड़ियाँ चहचहा उठती हैं अचानक,
हँसते हुए नजर आते हैं मेघों की ओट में,
कुछ नीले टुकड़े आसमान के।
जाड़े में नौ महीने की ठंड में सिकुड़े हुए लोग
चहकने लगते हैं वसंत के आने की खुशी में।
खिलेंगे फूल अब,
धूपस्नान करेंगे युवक-युवतियाँ बाल्टिक के तट पर।
मगर अफसोस !
सारे सपनों को चपत लगाकर बर्फ और अँधेरा
देखते ही देखते छा जाता है पूरे देश पर।

तुम भी कुछ ऐसे ही अप्रैल के वसंत हो,
नहीं आते आने का वादा करके भी,

प्यार की बात करके भी करते नहीं प्यार,
अचानक आते हो प्यार करते हो,
अचानक चले जाते हो आँसुओं की ज्वार में
मुझे छोड़कर।

प्रेम

झरते हैं उम्र के पत्ते जीवन की शाखों से
फिर भी उमड़ रहा है प्रेम हृदय में, बाँध तोड़ देने को आकुल।
नहीं है कोई ज्वार-भाटा बाल्टिक में, उसी के तट पर बैठी मैं
मगर मेरे सर्वांग में उमड़ रहा है ज्वार।

बेखबर

क्या उसे पता है, मेरे मन में वह अब भी बसा है,
चाहती हूँ अब भी उसे।
आज भी जलाकर उसकी स्मृतियों की आग
तपाती हूँ इस देह को आधी रात।

अगर उसे पता नहीं तो हर्ज़ ही क्या !
मुझे प्यार है अपने इस सुख से,
वह मुझे प्यार करे या न करे।

नारी

नारी निर्यातित पूरब, पश्चिम, उत्तर, दक्षिण
नारी निर्यातित घर में, बाहर,
नारी निर्यातित काले केशों वाली हो या सुनहरे
आँखें उसकी हों भूरी या नीली।

वह धर्म से होती है निर्यातित, अधर्म से भी
वह नास्तिक हो या आस्तिक, होती है निर्यातित
वह सुंदर हो या न हो, होती है निर्यातित
वह सत् हो या असत्, होती है निर्यातित।

वह लँगड़ी हो या न हो,
वह अंधी हो या बधिर हो,
स्वस्थ हो या बीमार–होती है निर्यातित
वह शिक्षित हो या अशिक्षित–होती है निर्यातित।
वह शिशु हो, बालिका हो, युवती हो या वृद्धा–होती है निर्यातित
वह पहने हो कपड़े या हो नग्न, होती है निर्यातित।

वह मुखरा हो या गूँगी, कायर हो या साहसी
होती है निर्यातित !

विक्रय वस्तु

विलबोर्ड में तस्वीर है किसकी ?
औरत की।
नग्न होकर जा रही है यह कौन ?
औरत !
सिर से पैर तक कौन है ढकी हुई ?
औरत !
बालों की इतनी शैलियाँ हैं किसकी ?
औरत की !
इतने प्रसाधन हैं चेहरे पर किसके ?
औरत के !
किसके कानों में, नाक में, हाथ पैरों में गहने हैं इतने ?
औरत के !
किसकी पीठ पर हैं प्रहार के दाग
औरत की !
भरी हुई आँखें हैं इतनी किसकी ?
औरत की !
हत्या होती है आधी रात को किसकी ?
औरत की !
बिलबोर्ड में हँसती है कौन ?
औरत !

बर्लिन का चाँद

यह ठीक ताल तट की रात को रानी के
पेड़ के पास का चाँद है।
फुलवाड़िया में जाते हुए पड़ती है जो बँसवारी,
उस ओर जाते हुए भी सिर के ऊपर नजर आता है
ऐसा ही चाँद।

बर्लिन की इस मिट्टी को सूँघने पर आती है गंध
सड़े गोश्त की, हड्डियों की,
आता है याद हिटलर
यहाँ कुछ वहाँ कुछ, दिल और दिमाग में कुछ।
कल-कारखाने का धुआँ छूता है आसमान
टूटा गिरजा, नया आँगन, सबको लाँघकर निकला है चाँद।
यह ठीक बरूआ के टूटे घर का चाँद है।
दिन में काटी है मछली
हँसिये जैसी हँसिया से, बगल में नहीं हैं मछली के शल्क।
नहाने जाती हैं किशोरियाँ भी चाँद के जल में
आधी रात को छत पर।
यह ठीक आमला पाड़ा के मकान की खिड़की से नजर आने वाली

सुशांत दा की हँसी है।
लोग कहते पागल है सुशांत !
क्या पागल बजा सकता है ऐसी पागल कर देने वाली बाँसुरी ?

चाँद के कोने में भी नहीं है पूरब-पश्चिम, आसमान है उसके आँगन जैसा
सिर्फ इन्सानों के साथ ही होता है ऐसा
अच्छे-बुरे, गोरे-कालों का इस पार उस पार।
चाँद तो होता है उसका, जिसके दिल में होता है प्रकाश
और अंग में गहरा अंधकार।

कमरे के दीर्घवादन में हरिप्रसाद की बाँसुरी

उसकी प्रतीक्षा में रह जाती है रसोई, नहा भी नहीं पाती,
निकल जाता है कपड़े धोने का निश्चित समय।
दुर्भिक्ष का भिखारी जिस तरह तपकता है भात की थाली पर
उसी तरह लपकती हूँ मैं भी दरवाजे पर, टेलीफोन पर
घंटी बजे उसकी अगर।

दिन भर लगा रहता है लोगों का कोलाहल, सिर्फ उसी का स्वर नहीं,
सिर्फ वही अकेले व्यवसाय में व्यस्त रहता है, अन्यत्र संगम।
प्रतीक्षा में बीत जाती है रात
बिना सोये,
भीड़ भरे रास्तों में भी पैदल जाते हुए लगता है मैं अकेली हूँ,
किसी जंगल में।
उसे न पाकर क्षय रोग बढ़ता है, उछलकर बढ़ती है उम्र।

खाली कमरे में घुटती हुई रोती हूँ, विषाद में परदेश में,
फिर भी मैं रोती नहीं इतना,
मुझसे दुगुना रोती है हरिप्रसाद की बाँसुरी।

अभिमान

कोई नहीं जानता
जीवन झर जाता है बर्च के पत्तों की तरह
और उन्हें कुचलते हुए लोग चले जाते हैं अपने ठिकानों की ओर,
मुड़कर पीछे नहीं देखते,
शरीर पर जमती जाती हैं बर्फ की सिलें, पत्थर।
चितपुर या आरमेनीटोला की गली होती तो जरूर कोई
दर्शाता सहानुभूति,
पलासी की सड़क पर इकट्ठी होती भीड़,
श्याम बाजार में धीमी हो जाती रफ्तार घोड़ागाड़ी की, नील खेत में
जीवन चुलबुले सीगल की तरह उड़ जाता है,
कोई हाथ नहीं हिलाता पीछे से,
कोई आँचल या कमीज की बाँह से अपने आँसू नहीं पोंछता,
कोई सिर की कसम देकर कहने वाला नहीं कि लौट आओ।

जीवन पड़ा रहता है फुटपाथ पर मुर्झाए फूल की तरह,
सिगरेट के फिल्टर की तरह,
कागज के ठोंगे की तरह,
कोई पीछे मुड़कर नहीं देखता, देह पर जमती जाती है काई,

उग आते हैं कुकुरमुत्ते।
झरती हूँ बर्च के पत्तों की तरह, पड़ी रहती हूँ घोर अंधकार में
कौन है यहाँ जो प्रकाश जलाकर कहे—तुम जिंदा रहो।
यह तो बोलपुर नहीं है,
न बनानी और बंग बाजार का मोड़।

रात का लंदन

रात भर तुमने कितना कुछ दिखाया—
पिकाडली सर्कस, बकिंघम पैलेस, ट्रैफलगर स्क्वायर,
दरअसल मुझे घास और उसके फूल के अलावा
कुछ भी नजर नहीं आता।
रात भर दिखाया मुझे टावर ब्रिज, चायना टाउन, हाउस ऑफ
कामन्स—
निःसंग आसमान के अलावा
दरअसल मैंने कुछ भी नहीं देखा।

सो जाता है शहर, ज़गी रहती हूँ मैं सारी रात
उत्तर के सागर ओर की अंधड़, बारिश, कंधे पर लगती है
तेज हवा
और रात भर पागल लड़की की तरह भीगती हूँ टेम्स के जल में,
दरअसल, कोई नहीं जानता, मन ही मन भीगती हूँ मैं,
बहुत दूर छोड़ आए गहन ब्रह्मपुत्र में।

आयरिश, इंडियंस एंड डॉग्स आर नॉट एलाउड

डबलिन शहर के पूर्व-पश्चिम दिशा के रास्ते से टहलकर,
रेस्त्राँ में बाँसुरी और बढ़िया गाना सुनकर,
आधी रात को मैं, मेरा आयरिश दोस्त,
गोद में सफेद कुत्ते को लेकर जब लौटते हैं,
नजर पड़ती है फुटपाथ पर रोटी के टुकड़े के लिए कराहते अँग्रेज भिखारी पर,
जेब में पड़ी रेजगारी देकर कहती हूँ मन ही मन,
इन दिनों सूर्य अस्त होता है भारत में, आयरलैंड में,
दक्षिण अफ्रीका में,
होता है दुःखी कुत्ता भी, जीभ से चाटता है भिखारी की फटी जीन्स
लाड़ जताते हुए, सर्वहारा अँग्रेज कुंडली मारकर
भरसक छिपाने की कोशिश करता है
अपने पुरखों के पाप–
जिसे देखकर मैं या मेरा आयरिश दोस्त और कुत्ता
किसी को भी नहीं होती हैरत खास।

हम चार दोस्त

स्ट्रास्बर्ग की सड़कों पर हम चार दोस्त आधी रात को
टहलते हुए पुरानी सड़क की गली में
कलबर्ट पर बैठकर चुंबनरत युगल को देखकर
तृष्णाबोध करती हूँ अचानक
और कानों में आते हैं शब्द
जल के, शीत ऋतु के, पंछियों के, सूखे पत्तों के।

रात भर पीते हुए शैम्पेन इस-उस रेस्त्राँ में
फ्रेडरिक, मैं, जिल; जिल ईसाई और मैं भूल जाते हैं अपनी थकान,
अपने दुःख।
रात भर एक जीवन से दूसरे जीवन में लुढ़कती हुई
भूल जाती हूँ अपने को पूरी तौर से
एक दूसरे से वादा करते हैं हम कभी घर न लौटने का
वादा करते हैं ले आएँगे एक दिन समूचा आल्प्स हाथ बढ़ाकर
और जमीन खोदकर अटलांटिक का जल।

प्रेम करते हुए साफ हो जाएगी काई हमारी उम्र की,
साफ होगी काई और हम चार दोस्त धूप और चाँदनी में भीगते हुए

चंद्रमल्लिका के फूल खिलाएँगे,
स्ट्रासबर्ग में।

हम लोग भूल ही जाते हैं हवाई अड्डे पर खड़े, उन विमानों को
कल ही कोई चला जाएगा उत्तर में, कोई दक्षिण में—

प्रिय एडिनबरा

एडिनबरा में आकर मेरा मन हो जाता है हल्का अचानक !
कोई-कोई शहर ऐसा ही होता है, देखते ही लगता है पहचाना।

पहचानती हूँ इसके अंतर-बाहर को, अंधी गली, खुले मैदान,
उत्ताल समुद्र, पहचानती हूँ सबको।
पहचानती हूँ पुराने महल, पहाड़, झील के राजहंस–
एडिनबरा मेरे शरीर से झाड़ देती है सारे विषाद की धूल
जाड़े के नग्न वृक्षों पर आते हैं जिस तरह पत्ते
बर्फ के नीचे मृत मैदान में उगती है जिस तरह हरी घास
वैसे ही इस काई पड़े शरीर में अचानक छा जाता है वसंत।

शायद पैदा हुई थी पूर्वजन्म में मैं
एडिनबरा में ही।

पुरुष की विश्वविजय

पिकासो को बेहद प्रिय था बुलफाइट
और क्या प्रिय था ? प्रिय थीं 'औरतें',
और ? 'कुत्ते'।
खाने की मेज पर बैठते थे कुत्तों के साथ, खिलाते थे उन्हें।

बारसिलोना में पिकासो के बचपन के चित्र देखते हुए
उनके बुलफाइट की, कुत्तों की, औरतों की
सुनते हुए कहानियाँ
मेरा भी मन करता है पिकासो बनने का,
घर की छत पर बैठकर चित्र बनाने का,
मन करता है पुरुषों और कुत्तों से खेलने का।

मगर इससे क्या होगा ?
पिकासो से बेहतर चित्र बनाने पर भी,
लोग कहेंगे–छिः छिः !
और पिकासो बनाएँ खराब चित्र भी तो–वाह !

नीली आँखों वाला युवक

हैम्बर्ग में, अटलांटिक होटल की लॉबी में, किसी आधी रात को,
नोरबर्ट प्लमबैक के लिए मेरा शरीर वश में नहीं रहता, मन भी।
एक जोड़ी नीली आँखों के लिए जागती है मेरे मन में तृष्णा,
गोरी अँगुलियों के लिए अँगुलियाँ,
और उसके ओंठों की चाहत में मेरे ओंठ हो जाते हैं धूसर मरुभूमि।

हिलते रहते हैं शैम्पेन के ग्लास, न जाने कितने पैकेट मर्लबरो के
मुखाग्नि हो जाते हैं, धुआँ चूमता है बालों को,
आँखों को, ठोढ़ी को, दाढ़ को।
नोरबर्ट की नीली आँखें पीती रहती हूँ बाकी रात,
बाकी रात शैम्पेन के गिलास में नजर आते रहते हैं दो नीले सितारे,
जितनी पीती हूँ उतने ही वे और चमकते हैं,
उतनी ही झरती है नीली-नीली माया।

मगर नोरबर्ट यह सब नहीं समझता, वह समझता है मर्सिडीज,
समझता है निजी हवाई जहाज, समझता है डॉयेच में मार्क का बाजार दर।
वह समझता नहीं उसके दिल को,
जिसका दिल सूखे की आग में झुलसता है बारहों महीने,
धन-दौलत जिसके लिए तिनके से ज्यादा नहीं।

मजे में ही थे, जिंदा थे, खामखाँ मरने क्यों गए ?

यह क्या तमाशा है कि मरते रहोगे एक के बाद एक
और लोग विमूढ़ होकर खड़े रहेंगे
चिता की बगल में, कब्र के पास।
मुझे तो उम्मीद थी कि फिर होगी हमारी मुलाकात
तुम फिर से कविता में नग्न होगे, फिर से अभद्र मतवाले,
फिर से सारे दायरे तोड़कर करोगे अट्टहास,
जताओगे खुद को सामाजिक,
कभी बेहद भोले, आधी रात को बेहाल होकर भूख से
        घर की राह भूलकर
खलासी टोले के फुटपाथ पर शोर मचाओगे आवारा कुत्तों के साथ,
        पीओगे चाँदनी।
हाँ चाँदनी, तुम तो हो ऐसे ही राजविहीन बूढ़े बालक।
मगर अचानक सुना कि...

मुझसे इतना सहा नहीं जाता, इतनी बर्बादी, इतना आँधी-पानी,
देह की रंध्र से निकलकर चढ़ आता है सीने में
पद्म गोखरा।
सोचती थी, सुंदरवन या शांतिनिकेतन में फिर जमेगा मेला जीवन का,

फिर से शराब के गड्ढे में फिसलकर गिरी बिल्ली,
फिर बेसुरे हुए लालन और अतुलप्रसाद।
जीवन को जीभ की नोक पर रखकर उलूध्वनि करना, मग्न होते थे
उस उलूध्वनि में,
तभी तो कहती हूँ मजे में ही थे, जिंदा थे, खामखाँ मरने क्यों गए
शक्ति दा ?

प्रवास—1

प्रवास अपने स्नेह भरे बर्फ से ढके रखता है मेरी अम्हौरियों भरी पीठ
मगर निकल आता है एक बेअदब बंगाली
उसके अंदर से, जैसे ढेर सारे अग्निपुंज हों सफेद मैदान में...

अंतर में ज्वार और देह में भाटा,
बैठी रहती हूँ बाल्टिक के तट पर अकेली,
ज्वार-भाटा नहीं है पृथ्वी में यह एक आश्चर्य समुद्र है—निश्चल,
मृत जल में जीवन को भिगोने से
पता नहीं कौन बदलेगा किसका स्वभाव।
बाल्टिक का दोष-गुण शायद एक दिन मुझे ही निगल जाएगा,
सागर-जल मृत शिशु को गोद में लेकर उथल उठेगा।

प्रवास—2

देश तुम कैसे हो ?
कैसे हो देश तुम ?
तुम, देश कैसे हो ?
कैसे हो देश तुम ?

मेरा दिल तड़पता है तुम्हारे लिए, तुम्हारा नहीं ?
मेरा जीवन छीज रहा है तुम्हें याद करते हुए, और तुम्हारा ?
खोई रहती हूँ सपनों में, तुम ?

अपने घाव, दुःख
अपने आँसू
छिपाए रखती हूँ गोपन में।
गोपन में छिपाए रखती हूँ उड़ते बाल, फूल, गहरी साँस।
मैं सुखी नहीं हूँ,
तुम सुखी रहना प्रिय देश।

प्रवास–3

एक-एक कर कटते हैं दिन
एक-एक कर माह
झरते हैं फूल-पत्ते, छिपते हैं पंछी,
जीवन सूखकर हो जाता है नाश।

प्रवास—4

अपने देश में थी प्रवासी
अब हूँ परदेश में प्रवासी
तब कहाँ है मेरा देश ?

सुजला-सुफला देश।
मुझे पता है, पता है देश को भी,
मेरे दिल में है वह देश !

प्रवास—5

उसका कहना है कि वह सुखी रहता है प्रवास में।
बीच-बीच में हँसता है पागलों की भाँति,
इसको-उसको करता है प्यार,
इसके बाद फैला देता है जड़ें, घास में।

घास में क्या जड़ें धँसती हैं, नादान !
गए बिना गहरे, कभी सूँघी जा सकती है
जीवन की गंध ! पत्थरों में रोपता है सपनों की पौध,
आँसुओं से क्या कभी कम हुई है छाया, शोक की।

प्रवास—6

किसके दोष से, किस दोष से
आज हूँ मैं प्रवास में
पता नहीं जवाब।
बस पता है जीवन की उत्ताल नदी में
मूसलाधार बारिश के महीने में
पड़ गई है रेती।

प्रवास—7

सभी के दो-एक आत्मीय, घर गृहस्थी, घर वापसी आदि
कुछ न कुछ होते ही हैं
सिर्फ मेरा ही नहीं है कुछ, नहीं है कोई,
केवल मेरे ही सूखकर दरार पड़े दिल में
पड़ी रहती है बेशर्म खाली गगरी।

सभी में जल रहता है, दल रहता है, रहता है फूल-फल,
मेरा ही कुछ नहीं है संपूर्ण जीवन में, निःसंग प्रवास के अलावा।

वेनिस

जल में बहते मेरे पद्म,
कुशल से हो वेनिस ?
लोग देखते हैं तुम्हारा सौंदर्य, मैं देखती हूँ गहरी साँस।
गंदे जल में तैरती हो
झरे हुए पंखों वाली बूढ़ी हंसिनी।

आधी रात को किसी के क्रंदन से जगकर देखती हूँ, तुम हो
पानी के लौह जाल में अटकी हुई रूपहली मछली।
क्या कोई समझता है इसे ? होता ही नहीं किसी को एहसास।

खुश होते हैं सब युवतियों के स्तन देखकर
शायद ही पता हो किसी को उसके तल में क्षय है कितना।
तुम्हारी देह पर प्रवाहित होंगी ग्रीष्म सुख की डोंगियाँ—
क्या फायदा यह सब सोचकर, कुशल से रहना
वेनिस।

मन हो तो खेलना मेरे साथ
बाकी जीवन संकटमोचन का खेल।

माइकलेंजिलो, तुम्हारा डेविड

अपने डेविड को इस बार उतारो तो जरा
पत्थर की वेदी से
उतारकर जड़ो कोटरों में दो खूबसूरत आँखें
हाथों से हथियार फेंकने को कहो, दुश्मन
मर चुके हैं सब, हटा दो भौंहों के बीच के बल।

इस बार वह दो कदम चलकर आए मेरी ओर,
मैं उसका चुम्बन लूँगी माइकलेंजिलो।

चंदना

तुम्हारे आकाश का तारा लूटा है जिन्होंने
उनके साथ गृहस्थी कैसे कर रही हो चंदना ?
गुस्सा नहीं आता ?
गुस्सा न आने पर लोग कहेंगे बड़ी भली है न !

क्या इसीलिए लेकर घर-गृहस्थी का दायित्व
लिपटकर सुख के पाँवों से
आँचल भरकर दुःख बटोरती हो चंदना ?

दिलरुबा

कहाँ है तू दिलरुबा मेरी ?
बचपन की सहेली प्यारी।

मैंने दिल फेर लिया है

पुरुष के सीने, बाँहों, जाँघों या शिश्न के प्रति अब रहा नहीं मोह
मैंने फेर लिया है दिल नारी की ओर, शरीर भी।

मैंने कष्टों की देह पर, माया-ममता के बालों में
        अँगुलियाँ फेरने के लिए हटा लिया है
पत्थर की रुक्षता से हाथ।
वेदना से संगम की चाह लिए पीछे छोड़ आई हूँ दस करोड़ नीली रातें
मुझे बुलाओ मत प्रकृति, मत देखो दिल के काँटों भरे दाग, स्मृतियाँ
चाहिए निष्कृति इस बार धर्म और धैर्य से
अब और भाता नहीं उन्हें छिपाए रखना,
जान भले ही जाए, वह तो जाती है दोनों वक्त
फिर भी स्वीकारती हूँ इस यथार्थ को–
औरत के सिवा कोई नहीं औरत को बचाने वाला।

नारी का अंतर्दाह नारी ही समझती है ज्यादा

पुरुषों ने खूब किया है काव्य विलास
कम नहीं आँके स्तन, योनि, नितंब,
गढ़े भी खूब।
नारी को दलित बनाकर अनर्गल देते रहे हैं विचित्र बयान
कौन कहता है होती है पुरुषों में नारी मन की भाषा को समझने की शक्ति।
कौन कहता है कि उनमें होती है नारी के अंतर्दाह को
        समझने की क्षमता।
नारी ही जानती है देखना पलकों की तरह खोलते हुए घाव
नारी को ही झुकाने होंगे ओंठ चुंबनों के लिए स्तन में
नारी को ही खोलना पड़ेगा योनिफूल नारी की सजल अँगुलियों से
नारी के अलावा किसमें क्षमता है जो नारी से करे संपूर्ण प्यार।

यह मैं हूँ, एक नारी, नारी के तिए उन्मुक्त कर रही हूँ
        अपना अंतर-बाहर।

मछली भात बंगाली

इन दिनों खाने की मेज पर लगातार बैठती हूँ लेकर मछली-भात
कलाई डुबोकर लेती हूँ दाल, सानती हूँ;
हिलता है बाँया हाथ बार-बार मक्खियाँ भगाने की तरह
स्कैन्डेनेविया के शीत नियंत्रित घर में।
कीट-पतंगों का नामोनिशान न होने के बावजूद
फिर भी न जाने क्या भगाती रहती हूँ मन ही मन
दुःख ?

मछली के मोलेन टुकड़े, सब्जी, थाली के एक छोर रखे नमक
और रसे से तर सने हुए भात से हटना नहीं चाहता हाथ
इच्छा करती है इसी तरह सानती रहूँ भात, खाती जाऊँ,
अपने गोपन में क्या मैं यह समझती नहीं कि सोने की चम्मच छोड़कर
क्यों इतनी लालायित रहती हूँ भात का स्वाद-गंध लेने हेतु।

असल में भात के स्पर्श से भात नहीं
लगता है मुट्ठी में आ जाता है भरपूर बांग्ला देश !

स्विटजरलैंड की लड़की

डिनर पार्टी में सभी के हाथों में उस वक्त थे शैम्पेन
अथवा व्हाइट वाइन के ग्लास
रथी-महारथी सभी हाथ मिला रहे थे होकर कतारबद्ध
और जता रहे थे अभिवादन।
कोई आ रहा था यह सुनने कि कैसे बचकर निकल सकी
पुरुषों की गुहा से मैं
कोई हस्ताक्षर लेने, कोई आ रहा था विस्फारित नेत्रों से शाबाशी,
वाहवाही देने,
कोई आता था चूमने, कोई बड़ा सा गुलदस्ता थमाने...
उन्हीं में एक सुनहरे बालों वाली लड़की ने हाथ नहीं बढ़ाया करीब आकर,
हस्ताक्षर भी नहीं माँगा,
कुछ भी सुनने का आग्रह नहीं किया, सिर्फ इतना कहा—
'मैं आई हूँ तुम्हारे साथ मिलकर रोने के लिए।'
कहते हुए भर गई उसकी आँखें आँसुओं से।
मेरी आँखों में भी उस वक्त दिल का बाँध तोड़कर पूरा ब्रह्मपुत्र
छलक रहा था।

मैं पूरब की थी, वह लड़की थी पश्चिम की,

लेकिन हमारी वेदनाएँ प्रगाढ़ थीं एक ही जैसी।
मैं काली थी, वह थी रक्तिम गोरी।
लेकिन हमारी वेदनाएँ थीं एक ही जैसी नीली।
रोने से पहले हमें एक दूसरे की कहानी सुनने की जरूरत नहीं थी
हमें तो पता ही थी नारी की कहानी।

आल्प्स

कल्पना करती हूँ समूचा आल्प्स जैसे हो कोई बगीचा
बगीचे में खिले हैं फूलों जैसे लोगों के लाल-पीले घर।
मुनष्य अगर शिखर पर न चढ़ा होता, ढेर सारे बर्फ के नीचे
नाक डुबोकर घ्राण न लेता अंदर के हरेपन की,
तब क्या इतना खूबसूरत लग सकता था आल्प्स ?

आल्प्स मेरे लिए है पृथ्वी का गहन अरण्य, जिस अरण्य में है मनुष्य ही
एकमात्र पंछी।

इस जाड़े में, माँ

आ रहा है जाड़ा, समय हो गया है आँगन में चटाई बिछाकर रजाई को धूप दिखाने का
माँ मेरी रजाई और कम्बल डाल रही हैं धूप में, उन्हें तहा रही हैं,
गावतकिए में भर रही हैं रूई, धुनक रहे हैं आँगन में रूईधुनिए।
जाड़ा आते ही शुरू हो जाती है माँ की ऐसी व्यस्तताभरी भाग-दौड़।
इस बार भी जाड़े में धूप दिखाकर
रजाई माँ ने रख दी है बिस्तर पर करीने से।
इस बार के जाड़े में भी अचार का मर्तबान रखा है धूप में,
इस बार के जाड़े में भी भापापीठा बनाने की हँडिया और लत्तों का इंतजाम कर रही हैं माँ !
यह सब किसके लिए ?
कौन है घर में जो जाड़े-भर रजाई में सिकुड़कर, मन ही मन
खूबसूरत चाँदनी में, अरण्य में, लकड़ियाँ बीनकर तापती है आग,
मेरे सिवा।
और कौन है घर में जिसके लिए रह-रहकर गर्मागर्म चाय, तले मुरमुरे,
दोपहर होते ही आम और लिसोड़े का अचार—
भोर का खजूर रस और पीठापूली—किसके लिए ?

इस बार के जाड़े में स्कैंडेनेविया में, डूबी हुई हूँ बर्फ और अँधेरे में
पता है मैं लौट नहीं सकती, माँ जानती हैं मेरे न आने की बात,
धूप-भरे आँगन और कढ़े हुए कांथा के नेप्थलीन की गंध पर
आकर सोएगी पड़ोस की बिल्ली
यह जानते हुए भी माँ क्यों धूप दिखाती हैं मेरे कांथा-कपड़े, रजाई,
कपास की रूई के तकिए को।
सब जानते हुए भी माँ क्यों रोती हैं फोन पर फूट-फूटकर, जब मैं
दुनिया के आखिरी छोर से देती हूँ सुसंवाद—'मैं ठीक हूँ।'

अबूझ है मेरी माँ अँगुलियों पर गिनती हैं दिन, बरामदे में खड़ी
करती हैं प्रतीक्षा।
अचानक पूछ बैठती हैं, 'कब आ रही हो तुम ? तुम तो यहाँ आकर
सोओगी अपने बिस्तर पर, कहानी सुनते हुए नंदी के घर के भूत की
और वन के लकड़हारे की, मेढ़क राजकुमार की और...

माँ क्या अगले जाड़े में भी मेरे लिए धूप दिखाएँगी
गद्दे, रजाई, अचार के मर्तबान को।
और दरवाजे की साँकल बजते ही हँसिए से काटती मछली
को छोड़कर वैसी ही
दौड़ेंगी यह देखने कहीं मैं तो नहीं !

घरघुसरे युवक के लिए आह्वान

तुम सिर्फ आँगन में आ जाओ,
मैं ग्यारह हजार मील की दूरी लाँघकर पहुँच जाऊँगी तुम्हारे पास।
बस एक बार तुम मेरा नाम ले लो
मैं पर्वत शिखर से सारे जेन्टियानस फूल लाकर तुम्हें भेंट करूँगी।
एक बार ले लेना मेरा नाम, मैं बर्च, मेपल्स और जूनीपार के
सारे रंग बिखरे दूँगी तुम्हारी देह पर आषाढ़ की पहली वर्षा की भाँति।
प्यास लगती है ? चिंता मत करो—
डैन्यूब, सेन, टाइबर और राइन नदियों का सारा जल तुम्हें ही दे दूँगी।

एक बार आँगन में आ जाओ,
मैं दीर्घतम समुद्र पार करके तुम्हें छूने आऊँगी।
सिर्फ एक बार कह दो करते हो मुझसे प्यार,
इस ब्रह्मांड से खुद को छीनकर अगर तुम्हें न सौंपू, तो कहना !

उदासीन दिन

बड़ी इच्छा करतीं है एक बार भागने की
बर्च, बीच और चीड़ों के खूबसूरत अरण्य
और शीतल शांत बाल्टिक से घिरे इस सजे-धजे नगर से–
मगर भागूंगी कहाँ, और कौन नगर है इस पृथ्वी पर जो कर रहा है
मेरी प्रतीक्षा ?

मेरा सर्वांग ये लोग ढँककर रखते हैं गर्म चादर से
हाथ बढ़ाने से पूर्व खुद आ जाते हैं हाथ में प्रेम से भरे असंख्य हृदय,
इन सबको छोड़कर मन करता है कहीं और भागने को।
मगर भागकर जाऊँगी कहाँ ? इस दुनिया में और कहाँ है ऐसे लोग
जो कर रहे हों मेरी प्रतीक्षा।

भूमध्य सागर के सीगल

पृथ्वी में सभी की होती है अपनी नदी और होता है समुद्र,
मेरे घर के बगल में है एक नदी,
और मेरे देश के दक्षिण में अभी भी है एक समुद्र,
अभी भी वे क्रोधित होती हैं, झपटती हैं, पालतू बनती हैं
और उस पालतू जल में वर्षा और बैसाख में धमाल मचाते हैं गाँव के किशोर।

भूमध्य सागर में तैरती हुई सीगलों को देखकर
पंछी बनने का बेहद मन करता है आजकल, इच्छा करती है तैरने की,
जल में, हवा में
तैरते-तैरते एक दिन ब्रह्मपुत्र के कीचड़ में मन करता है लोटने का,
कटी पतंग की तरह—
तिरते हुए पहुँचूँ अपने गोल पोखर तट वाले घर के नल के नीचे
सेमल की रूई की तरह एक दिन।

सीगल अपने पंखों पर मुझे सवार कराओगी ?
उस पार है मेरा एक बेहद परिचित सागर
एक बेहद परिचित नदी भी।
मेरा बेहद परिचित जीवन है एक देश में

जहाँ अपना दिल मैं छोड़ आई हूँ वीरान मैदान में, आम-कटहल वन में,
लीची तला में।
छोड़ आई हूँ अपना दिल बस्ती, पोखर, संकरी गली में,
जहाँ काले-काले बच्चे झपटते हैं कौओं की थाली पर
जहाँ के असंख्य लोगों के सीनों पर झुकी रहती है नीली मौत,
जहाँ पर फिर से खिलते हैं चंपा के फूल
मुर्दों की खोपड़ी से।

सीगल अपने पंखों पर सवार करके एक दिन खूब तड़के,
चुपके से, बिना किसी को जताए,
भूमध्यसागर से मुझे पहुँचा दोगी मेरे बंगोपसागर में ?

अब लौटना है घर

अब बहुत हुआ। मुग्ध लोगों के झुंड ने बजाई तालियाँ
पेरिस में, स्टार्सबर्ग में, मार्सेइ में, नानत में भी। पहने काफी ताज भी
बहुत हुआ लाल गलीचा, स्वागत समारोह—जुरिख में, बर्न में, बार्सिलोना में
राजा-मंत्री से हुई भेंट, स्वर्ण पदक, सुनहरी किताब पर हस्ताक्षर,
ट्रेंटहेम, स्टाबंगार, ओस्लो, स्टॉकहोम,
गोथेनबर्ग में खिले सारे फूलों का ले लिया मैंने घ्राण
पाइक, प्यादे और आज्ञाकारी भृत्यों के साथ खूब भ्रमण किया मैंने
हेलसिंकी, प्राग, कारलोवी वेरी,
खूब मिली गर्मजोशी, नगर की चाभी, उपहार।
अब घर वापस लौटूँगी निखिल दा !

घर के चबूतरे पर पीढ़ा बिछाकर बैठकर भगाते हुए आँगन के कौए
नमक-मिर्च सानकर खाऊँगी पांता भात, फिर तबक लगा पान।
धनेखाली साड़ी पहनकर कागजी नींबू, कामिनी फूल, मचान की
लौबियों में, अपनी बछिया, खलसे मछली, पंचफोड़न, आदि की
जाने कितनी कहानियाँ सुनाते हुए माँ मुझे झलेंगी पंखा
और उनकी देह के पसीने से मुझे याद आएगी
मेरे जन्म, शैशव और किशोरावस्था के गोल्लाछूट खेल की गंध।
बहुत हुआ महासागर में तैरना, अब गाँव के तालाब में
भरी दोपहर में डुबकी लगाऊँगी—निखिल दा !

प्रार्थना

डूबती जा रही हूँ मैं भी सफेद बर्फ में
घास की तरह, पेड़-पौधों की तरह, घर-द्वार की तरह,
मेरा उद्धार करो उष्णता !

डूबती जा रही हूँ मैं भी नील अंधकार में
पंछी की तरह, आकाश की तरह, सागर की तरह,
मेरा उद्धार करो प्रकाश !

मेरे हृदय ने ही किया मेरा उद्धार,
पूरी देह में व्याप्त है उसी की ऊष्मा !

दूर, बहुत दूर

वह हँसकर, प्रेम करके, देह से सटकर, बहकर
जाता है फँस।
उसे रौंदकर, उससे दूर होकर, मेघों के बीच से
उड़कर, अनजानी आग में जलकर, आखिरकार–
लौटती हूँ घर।

जाने कौन अशरीरी, घूम-घूमकर, खोदकर कब्र
बुलाता है, और घुनें रात भर कुरेदकर खाती हैं हृदय।
मूर्ख।
सबको हटाकर परे करके अपने ही जल में खुद ही डूबती हूँ
भीगती हूँ, जाने क्या होती हूँ। फिर भी ठीक है
अगर थोड़ी भी शांत हो दाह, और मिले
अंतर के सौ नक्षत्रों से ढेर सारा चमकता हुआ प्रकाश !

रंग बदल

वृक्षतला हरे से हो रहा पीला, पीले से लाल
बदल रहा है रंग, फिर झरेंगे पत्ते,
डूब जाएँगे सफेद बर्फ में।
नौ मंजिल की खिड़की से मैं देखूँगी अंधकार,
अँधेरे में सितारों की तरह जलती रहेंगी
जहाजों, घरों, गाड़ियों, दुकानों और लैंपपोस्टों की रोशनियाँ।
ऐसी रोशनी तो मेरे देश में भी होती है, आसमान में।

मेरा देश ?
मेरा क्या अब कोई अपना देश है ? अपना शहर और ग्राम ?
अपना कोई घर ? अपना कोई शरीर और हृदय ?
यह जो एक देश से दूसरे देश में बह रही हूँ मैं,
एक द्वीप से दूसरे द्वीप में, एक आसमान से दूसरे आसमान में,
एक सागर से दूसरे सागर में
बहते-बहते एक दिन शेष रात अथवा मध्य दोपहर को
 जाने किस तट पर लगेगा मेरा जीवन।

मैं भी अचानक देखती हूँ चौंककर अपने अंतर की हरीतिमा को,

जो हो रही है पीली,
पीले से हो रही है लाल, बदल रहा है रंग, फिर जकड़ लेगी मुझे भयावह शून्यता,
मैं झर जाऊँगी, डूब जाऊँगी सफेद कफन में।

तीन हाथ गहरे गर्त में
स्कैंडेनेविया की ठंड और कितना सताएगी ग्रीष्म की बालिका को,
उससे भी ज्यादा पैने दाँत शायद आग के हैं,
जो जलाती है मुझ अकेली को, नितांत एकाकिनी को।

यूरोप में तीसरी दुनिया की लड़की

यहाँ पीना नहीं पड़ता उबालकर पानी
मच्छर, मक्खी, चूहे या तिलचट्टे देखने के लिए जाना पड़ता है
कीड़ों के अजायबघर नें।
बटन दबाते ही बाहर निकल आते हैं धुलकर सूखे हुए कपड़े
फिर भी मुझे सताती है घर की बेहद याद।

रुपये की जरूरत हो तो सड़क किनारे स्थित बैंक में बटन दबाते ही
निकल आते हैं सरसराते हुए नोट
जन्म का, चरित्र का नाड़ी-नक्षत्र भी पता चल जाता है पलक झपकते ही
प्रतीक्षा नहीं कराते दुकानदार भी, यंत्र ही सामानों पर लिखा पढ़कर
बता देते हैं उनका मूल्य।
दुकानों, अस्पतालों, दफ्तरों, अदालतों, बसों, ट्रेनों के दरवाजे खुलते हैं
अपने आप ही वहाँ कदम रखने पर
न जरूरत पड़ती है सेवों-संतरों को दबाकर रस निकालने की,
वे मिल जाते हैं डिब्बों में,
डिब्बों में ही मिल जाती है तैयार गोश्त-मछली, डिब्बों में ही रहती हैं
उबली सब्जियाँ।
फिर भी मुझे सताती है घर की बेहद याद !

रात-बिरात सड़क पर अकेली निकलने पर भी कोई आकर नहीं खींचता गले का हार,
रुपए नहीं माँगता दिखाकर छुरा, लड़कियों के पीछे नहीं लगता छोकरों का झुंड,
सीटी या ओछी बातें–बिल्कुल नहीं।
जब भी मन हो लेटी रह सकती हूँ घास पर,
हवा की विपरीत दिशा में पूरब, पश्चिम, उत्तर, दक्षिण दौड़ सकती हूँ किसी भी ओर
चल सकती हूँ प्रेमी की कमर में डालकर बाँह, ले सकती हूँ प्रगाढ़ चुंबन।
फिर भी मुझे सताती है घर की बेहद याद।

आधी रात का फोन

आधी रात के फोन तुम बजो मत !
तुम्हें दे रही हूँ तकिया, काँथा-कम्बल, नींद की दवा, सब कुछ
तुम सो जाओ।
पूरा शहर पड़ा है मुर्दे जैसा इस वक्त, आकाश भी सो गया है सितारे बुझाकर।

तुम्हारी आवाज सुनकर मेरी रीढ़ में बहने लगती है ढेर सारी बर्फ,
मैं हो जाती हूँ पत्थर,
काल बैसाखी में जिस तरह काँपते हैं जराजीर्ण खजूर के पत्ते
वैसी ही काँपती है मेरी देह।
पलक झपकते ही उतर आते हैं टिड्डीदल मेरे धान दूर्वा पर...

स्वजन बंधुहीन पड़ी हूँ अकेली, इतनी दूर बर्फ के देश में।
अचानक ही अट्टहास
करने लगती हैं खबरें राजनीति के पंकिल मैदान में
दौड़ते हैं मूर्ख उनके पीछे,
मौका पाते ही आँगन में, मैदान में, धान खेतों में रोपने लगते हैं धर्म के बीज।
बस रही हैं बस्तियाँ, गाँव भरते जा रहे हैं पतिताओं, पीरों, भिखारियों से।

पिता के दिल का दर्द, पता चला, बढ़ गया है इधर और,
आँखों से भी दिखता है कम,
न जाने दोस्त अहबाब एक-एक करके जाने कहाँ रहे हैं भाग—
आधी रात के फोन, बजो मत ! इतनी रात को कोई नहीं हैं जगा,
रात के शराबी भी सब सो गए हैं,
तुम भी सो जाओ।

लौटा दो

बाल्टिक समुद्र के तट पर, लकड़ियों का बना एक लाल रंग का घर
घर के सामने खुला मैदान, मैदान में ढेरों चेरियों, स्ट्राबेरी और सेवों के पेड़
पककर टपककर पड़े रहते हैं घास में, हरिण आते हैं बीच-बीच में चरने
और पेड़ों से खुजलाने अपनी देह—
मैगपाई पक्षी आते हैं घूमने के लिए, कुछ निर्जन हवा भी,
उस घर में धीरे-धीरे बस गई है मेरी गृहस्थी,
चावल, दाल, नमक वाली।
शाम की चाय में दो चम्मच अकेलापन घोलकर पीने वाली गृहस्थी,
रात भर अरण्य के अँधेरे के सिरहाने बैठकर आग तापते हुए
बातें करने वाली गृहस्थी, फिर भोर के वक्त नींद टूटने पर
अँगड़ाई लेकर ताजी होने वाली गृहस्थी।

अभी भी मुझे लौटा दो।
मुझे मेरे धूल-बालू, नदी, झील, सरसों के खेत
और ब्रह्मपुत्र दे दो।
अब भी दे दो कलतला, लिपा-पुता आँगन, हाथ पंखे की हवा,
टीन के छाजन पर रिमझिम,
मेंढक और झींगुरों की आवाजों वाली बरसात,

गर्मागर्म भात पर धनिया पत्ती वाली मागुर मछली का रसा।
अभी भी स्कैंडेनेविया की देह पर से हटा लो
        मेरे हल्के हाथों की पकड़,
मुझे बचाओ।

ऐसे बादल दिन में

दो बूँद पानी गिरते ही, आसमान में बादल छाते ही घर में आनंद की लहर
दौड़ जाती थी
दिन भर मस्तीभरा शोर, 'दादी माँ का झोला' पुस्तक की कहानियाँ
        समाँ बाँध देतीं,
कोई गला फाड़कर गाता वर्षा के गीत,
कोई बैठ जाता गर्मागर्म मूँगफली, झालमूड़ी, गर्म चाय, ताश
या फिर बागाडुली लेकर
कोई पहुँच जाता झट से आँगन में पानी में भीगने–
तेहरी और तली हिल्सा मछली के गंध से महक जाता था घर।

और यहाँ पर आसमान में बादल छाने पर लोगों को लगता है बुरा
वर्षा होने पर सभी को गुस्सा आता है।
आश्चर्य होता है मुझे, वर्षाकाल के नाम पर यहाँ कोई मौसम नहीं है–
बैसाख की आँधी नहीं है, कोई बीनता नहीं है आम,
        पानी में भीगकर बीमार होने का सुख, वह भी नहीं है।
सीली हुई गोरी त्वचाएँ दिन भर कातर प्रार्थना करती हैं धूप के लिए,
सिर्फ मैं ही इस सुदूर भिन्नं देश में, परवाह न करके किसी की इच्छा
आसमान में देखकर बादलों को खुश हो जाती हूँ।

विच्छेदन

उन्होंने पहले मेरी जाँघें काटीं, गोश्त के अलावा नहीं मिला कुछ।
नसें काटीं हाथों की पैरों की—सिर्फ फुहार मारकर निकला खून
खींचकर निकाली आँखों की पुतलियाँ, फुसफुस, पाकस्थली
उलट-पुलटकर देखा यकृत को, पित्त की थैली को,
झपटकर उठाया जरायु को, नहीं, कुछ नहीं मिला।
कुछ नहीं था दिमाग में, रीढ़ में, पीठ में, पेट में
दो वृक्क पड़े थे उदास दो तरफ, उन्हें खोलकर देखा तो वे भी थे खाली।

लेकिन दिल पर हाथ पड़ते ही,
हाँ, दिल पर हाथ पड़ते ही उन्हें महसूस हुआ कि वाकई इसमें है कुछ।
उन्होंने फाड़ा इसे अपने दाँतों-नाखूनों से,
इसके अंदर उन्हें मिला एक देश—बांग्लादेश।

●●●